RIEN N'EST BON

QUE

CE QUI EST BON

PAR

A.-J. LORENTZ

Finissons-en avec les Rois. — Finissons-en avec les Démocrates. — Finissons-en avec les Prêtres. Finissons-en avec les Vieux et les Jeunes. — Petit cours de haute politique. — Petite histoire S.-V.-P. avant de passer à la République universelle. — La République universelle résolue par les Monarques, entrée en jouissance immédiate. — Conclusion et profession de foi au peuple parisien.

PRIX : 50 CENTIMES.

PARIS

A. LAPORTE, ÉDITEUR

LIBRAIRIE ANCIENNE ET MODERNE

46, Boulevard Victor-Hugo, derrière le nouvel Opéra.

1871

DÉDICACE.

A L'ARTISTE BERTHAL

ET

A SA DIGNE, BELLE ET VÉRITABLE COMPAGNE.

Cher Patriarche,

La rectitude mécanique de l'esprit prussien, ayant profité de la déraison jactancière et méthodique des poseurs de Paris ; la bêtise humaine protégeant ses Benjamins de Paris et de Berlin ; la capitale incivile de la civilisation, a été bombardée deux fois ! à la prussienne, et à la française, et, Paris a été pris... par l'armée de Versailles !...

L'esprit fraternel et confraternel de notre bonne Lutèce, qui sépare si bien les gens, amis et femmes, nous avait empêché de nous voir souvent, de nous lier.

Les bombardements nous ont réunis et unis.

Le malheur a donc été plus aimable que Paris habituel ; puis qu'il m'a attiré votre estime, votre affection, votre ardent et exceptionnel dévouement.

Je veux alors, que vos trois ravissantes jumelles (pas lorgnettes) sachent aussitôt tout cela ; ainsi que vos autres heureux et dignes enfants et petits enfants, ainsi que vous-mêmes, ainsi que Paris insurgé, ainsi que les ruraux ; ainsi que l'Europe, le monde et l'avenir... s'il y a moyen !

C'est donc de toutes mes forces que je vous assure ici de ma reconnaissance. Et, j'oublie mes douleurs imméritées !... mes chers amis !... en adressant ces quelques pensées à vos belles âmes.

Ah ! mais ne pleurez pas, ô insensibles ! entendez-vous !...

Acceptez donc la dédicace de mon petit opuscule !

Aimez-vous toujours bien, vous !... qui ne tirez pas la vie : chacun de son côté !...

Votre fidèle et très humble serviteur.

FINISSONS-EN

AVEC LES ROIS.

Depuis quatre-vings ans, cette question n'est guère vidée.

Réglons donc à jamais leur compte.

Oui ! que les peuples sachent enfin, absolument, ce que les rois valent.

D'abord : Un roi vient au monde comme nous, par les mêmes opérations.

Il mange et il boit, comme les démocrates, les soldats, les prêtres, les crétins, les voleurs, les assassins, les fainéants ou les ouvriers.

Les produits chimiques de son alambic personnel sont semblables à ceux de tous les mortels.

C'est même là que l'on comprend, sans politique aucune, la puissance égalitaire de la chose commune.

Le roi n'est donc rien de plus qu'un homme.

Aussi il ne peut pas plus attraper le bon Dieu que le plus malin des athées.

D'où vient donc qu'on ne tue pas un monarque sans blesser éternellement un peuple ?

En effet, la mort du Roi des Rois, le Christ, pèse sur Judas et sur le peuple juif depuis 1871 ans ;

La mort de Charles 1ᵉʳ pèse sur Cromwel et sur l'Angleterre depuis près de 200 ans ;

La mort de Louis XVI pèse et pèsera sans cesse sur la Convention et sur Paris.

Pourquoi cela, puisque un roi naît, mange, boit, dort et digère comme le plus idiot des idiots du monde?

C'est bien simple.

Il n'est besoin d'être ni humanitaire, ni républicain, ni monarchiste, ni magistrat, ni docteur en quoi que ce soit, ni théologien, ni philosophe pour le comprendre. Il suffit de savoir deux mots d'arithmétique.

Bref un roi n'est pas une unité de nombre.

C'est un nombre collectif.

Ainsi, Jacques Clément, Fieschi, Orsini ou Brutus restent odieux quoique on fasse; et Charlotte Corday impose au génie de la poésie d'assembler les deux mots les plus impossibles à unir ensemble ; ainsi le politiquomane Lamartine, en un jour de bon sens poétique, surnomme Charlotte Corday l'*Ange de l'Assassinat*...,

Ainsi, Lamartine poëte, se montre aussi vraiment spirituel que Lamartine, politique, s'est forcément montré stupide.

Car l'homme de pensée est fait pour régir les esprits et les âmes, et non point pour gouverner les tourbes d'aristocrates ou de démocrates.

Or, il n'y a qu'un roi à la fois, un roi régnant, s'entend ; c'est-à-dire, en France, par exemple, un seul être contre trente-cinq millions d'êtres.

Or, le nombre trente-cinq millions est trente-quatre millions neuf cent quatre-vingt-dix-neuf fois plus nombreux que le nombre un.

Aucun avocat, aucun révolutionnaire, aucun journaliste ne peut dire le contraire.

Quelle faible supériorité est cependant cet immense nombre, s'il se laisse mener par le nombre un; surtout quand ce nombre un n'est pas plus spirituel que le plus bête des Parisiens, ce qui est beaucoup dire, et je sais ce que je dis, puisque je suis un Parisien de 60 ans d'âge !

Mais pourquoi donc, plus on abat de rois, plus on en coupe, plus on en couche, plus ils repoussent comme la vigne; plus on en tue, plus ils renaissent?

Bien plus, quand la race naturelle en est éteinte, on en recrée une nouvelle race.

C'est que le roi n'est pas une unité, mais un nombre collectif.

Comment faire, alors, pour ne pas subir son despotisme?...

User de la poste aux lettres.

Ainsi, un beau matin, le nombre trente-cinq millions apprend que le nombre un pousse la tyrannie jusqu'à vouloir faire manger des épinards au sucre à son peuple opprimé.

Aussitôt sans perdre son temps, ses émotions,

son travail, sa fortune, sa vie à aller aux clubs, aux Chambres, aux ministères, aux émeutes, aux champs de bataille de la guerre civile; loin de ruiner la France alors en dépenses stupidement et horriblement superflues, le nombre trent-cinq millions se dit : Je vais faire gagner beaucoup d'argent aujourd'hui à la poste aux lettres en envoyant au roi mon opinion affranchie.

Or, quel est le monarque qui, ayant reçu trente-cinq millions de lettres lui disant, sans vouloir le poignarder, le guillotiner, le détrôner ou l'insulter : « Je ne veux pas manger d'épinards au sucre, » ferait avaler ses épinards à son peuple?

Bien plus, sans déclaration d'état de siége, sans nouvelle Constitution, sans changement de ministère, sans gendarmes, sans sergents de ville, sans armée, sans sénateurs, sans députés, sans Congrès de l'Europe, sans évêques, et sans garde nationale, ce qui serait le plus fameux, cet abominable tyran mangerait ses épinards tout seul, comme il irait tout seul faire ce qu'un roi ne peut pas plus que nous faire faire par un autre, malgré les porte-drapeaux, les porte-croix ou feux les porte-coton.

Que les pères, réunis, qui mettent leur gloire à apprendre à leurs enfants à tirer sur les monarques, plus aisément que sur des lapins, méditent ces vérités ; et, au lieu de n'être que des on ne sait quoi, ils seront de bons sujets ou de braves citoyens, puisque, avant tout, ils seront de vrais pères de famille.

Mais dites donc! dites donc! citoyen!! me crie un rouge de cheveux, un rouge de barbe, un rouge de ceinture, rouge d'habit, rouge de blanc-d'yeux, rouge de dents, rouge de fureur, rouge de paroles et rouge de nez, vous nous la bâillez belle! Votre satané roi nous coûte vingt-cinq millions par an.

Pardon! Avec le respect et l'arithmétique que je vous dois, ça nous coûte environ douze sous par *tête*; c'est-à-dire beaucoup meilleur marché même que le repassage du couteau de la guillotine qui voudrait faire tomber *la* sienne en nous faisant perdre *la* nôtre.

Vous le voyez, en tout cela, pas la moindre politique; la vérité toute nue, agréable et honnête à voir, parce que c'est une belle femme et que le beau est la plus imposante des pudeurs.

Voilà tout ce que c'est qu'un roi : Rien, ou beaucoup.

Les bons comptes font les bons amis.

Tâchons donc de savoir compter.

Et, Vive la République!

FINISSONS-EN

AVEC LES DÉMOCRATES.

L'homme privé, ou l'homme public qui fait du mal au peuple ; est-il démocrate ?

Le peuple qui se fait du mal à lui-même ; est-il démocrate ?

S'il ne sait pas savoir que le bon sens natif vaut mieux que l'éducation révolutionnaire ; est-il démocrate ?

S'il oublie que le cœur est la première des lois humaines ; est-il démocrate ?

Barbès révolté, révoltant, troublant Paris, la France et l'Europe ; est-il plus démocrate que Bayard défendant, glorifiant la France et le monde, sans révolter personne.

Quand on se bat, par nonchalence, pour 30 sous, 40 sous, 100 sous, 10 francs, 20 francs ou 25 francs par jour, est-on démocrate ?

Quand on fait peur aux bonnes femmes et aux jeunes filles qui vont à la Messe, est-on démocrate ?

Les solidaires, les égalitaires, sont-ils démocrates, quand ils ont pour le corps de leurs héros morts au combat, des cercueils et des corbillards de pauvres , et des cercueils et des corbillards de riches ?..

Les parisiens qui mettent leur amour-propre à ne pas savoir la langue française , sont-ils plus démocrates que les aristocrates russes et prussiens qui la parlent le plus purement du monde.

N'est-ce pas plus démocratique d'ennoblir les gens du peuple, que de les arsouiller ?.. Libéraux, radicaux, socialistes, républicains, cosmopolites ou non, insulteurs de tout, tueurs féroces, dénonciateurs, mouchards volontaires, ivrognes, fainéans, incendiaires ou voleurs, sont-ils démocrates ?

Louis Blanc est-il plus démocrate que Louis XVI ?

Aller dans la lune ! cracher à la face du soleil, égorger tous les rois, tous les prêtres, tous les aristocrates, tous les propriétaires, tous les rentiers, tous les manufacturiers, tous les grands commerçants, tous les banquiers, tous les marchands à leur aise, tous les gendarmes, tous les sergents de ville, tous les fermiers, tous les soldats de l'armée légale, tous les ateliers de travaux de luxe, brûler la banlieue, faire sauter Paris, être écrivier, scrivassier, avocasseur, poëte infect, docteur en faux, bavardier, bavardassier, politiqueur, politiquassier, et tous autres *Faisant-tuer* : est-ce plus démocratique que d'être boulanger, charcutier, fruitier, laitier et tous autres *Faisant-vivre?*

Qui est-ce qui est le plus démocrate, par exemple, du fédéré qui se traîne blessé, mourant, en demandant secours ! et du prêtre qui court à lui, le porte sur son dos, loin du danger, et l'assiste de toutes les forces de son cœur et de son âme.

Qui est-ce qui est le plus démocrate d'un ouvrier qui ne veut pas épouser une femme — qui n'a pas le *sac !* — ou du riche, du prince, du monarque qui veulent épouser une femme sans dot ?

Qui est-ce qui est plus démocrate ; du paysan qui veut la France une et indivisible ; ou du citadin qui veut la subdiviser au caprice de chaque cité ?

Qui est-ce qui est plus démocrate ; de François premier, prisonnier de guerre, montrant son.... assiette, à Charles-Quint, son vainqueur ; ou de Cromwell, qui fait décapiter son monarque ; ....son prisonnier de guerre civile ?...

Qui est-ce qui est plus démocrate, de Guillaume de Prusse même, travaillant au profit de son pays ; ou du soi-disant démocrate qui ruine la Pologne, la Hongrie, l'Italie, l'Amérique, ou la France.

Qui est-ce qui est plus démocrate, que Marat

guillotinant Louis XVI ; ou que François-Chrétien Lamoignon de Maleshserbe, guillotiné !.. pour avoir défendu Louis XVI !...?

Qui est-ce qui est plus démocrate d'un homme d'esprit ou d'un imbécile ?

Qui est-ce qui est le plus démocrate : des gens qui font bâtir des palais et des maisons ; ou des gens qui les font abattre et brûler ?

Qui est-ce qui est plus démocrate ; d'un bon professeur de barricades, ou d'un simple bon père de famille ?

Et vive la Monarchie !

FINISSONS-EN

AVEC LES PRÊTRES.

L'homme se glorifie d'être mâle !

Devant cet orgueil de mulet les fortes âmes ont créé le célibat des prêtres catholiques.

Gare aux religions qui ont des indulgences légales, pour le libre exercice des sept péchés capitaux.

Désirons que les Pompes de l'Église soient de plus en plus magnifiques. Cela impose aux brutes, élève le goût, accoutume au beau ; et en plus, cela fait magnifiquement travailler tout le monde.

L'Église est un vaisseau si nécessaire, le prédicateur est un tel élément, que les énergumènes ont créé le culte des clubs ; pour y déifier les êtres qui nient Dieu.

Il faut donc que d'autres êtres s'adonnent à prouver, que le culte de Dieu est préférable au culte de l'Athéisme.

Répondre par les prêtres vicieux ; c'est déclarer que tous les hommes sont des Lacenaire ou des Troppmann.

Et Tartufe ne peut exploiter qu'une famille aussi riche de simplicité que de fortune.

Tant de journaux et de journalistes ont compris cela : que nos dernières convulsions politiques laissent bien loin derrière elles, la torture et les inquisiteurs.

Que les prêtres n'hésitent donc pas à condamner leurs mauvais prêtres ; qu'ils les livrent à la justice laïque nationale : Ainsi, ils resteront ce que Dieu veut qu'ils soient ; les directeurs de la conscience publique.

Ils n'ont pas besoin de faire de politique pour cela ; au contraire.

Les prêtres ne sont rien par eux-mêmes ; mais par ce qu'ils représentent.

Liberté, Égalité, Fraternité est leur devise foncière.

Représentez Dieu mieux qu'eux, si vous pouvez tant mieux ! vous serez meilleurs prêtres qu'eux, voilà tout.

Mais les hommes pratiquent si passionnément la religion de l'homicide : par la guerre, le duel, la guerre civile et l'assassinat politique, qu'il est bon de combler de priviléges nobles, la secte d'hommes dont le principe d'existence est : *Homicide point ne seras.*

Le prêtre laboure le champ de la Morale, comme le laboureur laboure la terre.

On naît prêtre, comme on naît soldat, comme on naît artiste.

Seulement il faut être bon prêtre, bon artiste, et bon soldat.

Là est le secret en tout.

Les prêtres sont les penseurs qui se sont dit devant la barbarie : « Sans armes ! nous abattrons « les armées ! sans couronnes, nous agenouille- « rons les rois et les conquérants, parce que « notre force est la foi en la force de Dieu ! Nous « ne nous battrons pas ; nous nous laisserons « tuer. »

C'est donc en vain, que 1871 a employé tous les plus terribles moyens pour abaisser, ridicu- liser, avilir, anéantir, les religieux et les religieuses.

Et en effet, les prêtres protestants et les prêtres de toutes autres religions, ont condamné haute- ment les persécutions que l'on faisait endurer au clergé catholique.

Fénélon et Bossuet restent des penseurs aussi utiles aux masses, que Jules Vallès et Henri Rochefort ont été le contraire.

En 1848, la Révolution tue l'archevêque de Paris.

En 1871, la Révolution tue l'autre archevêque de Paris.

Un archevêque est un homme comme un autre, s'écrie l'orgueil démocratique !

Non ! puisque vous les assassinez de préférence à tous autres.

En janvier 1870, je disais au Concile de Rome : le sauvetage des sociétés vous appartient encore.

Je ne me trompais pas plus qu'en 1847, devant 1848.

Aussi, que de prêtres viennent de mourir pour l'amour de Dieu.

Aussi, on les a tués, au moment même où ils venaient de prodiguer leur dévouement aux Parisiens, sous le feu des Prussiens ; aux fédérés sous le feu justicier des Versaillais.

Le prêtre assiste l'espèce humaine :

Au Baptême ;

A la Communion ;

Au Mariage ;

A la Mort !....

Voilà qui les différencie de tous les autres hommes.

Plus on en massacrera, plus on retrouvera de braves cœurs qui voudront être prêtres.

Car, la mission du prêtre est si belle, que rien n'est plus odieux qu'un faux prêtre !

Il est donc de toute justice, qu'un vrai prêtre soit un fait sublime.

Supplions celui-là d'exercer son empire sur nous et les nôtres.

Empire veut dire commander, mais non point commander mal.

Prêtre veut dire vieillard ; attendons que les prêtres soient vieux, pour exercer ; mais n'oublions jamais qu'ils assistent nos moribonds nos mourants, qu'ils veillent souvent, pour nous, les morts qui nous sont les plus sacrés.

Et vive l'Empire !

FINISSONS-EN

AVEC LES VIEUX ET LES JEUNES.

Depuis la fameuse émancipation philosophique du XVIIIme siècle, la jeunesse a le bon goût de traiter les vieillards de : vieilles bêtes !

Ainsi, les pairs de Louis-Philippe, les sénateurs de Napoléon III, et les membres de l'Assemblée nationale de la République du 4 septembre, sont traités bel et bien, en belles lettres imprimées : d'automates, de momies, de cruches, d'empaillés, de gâteux, de tombés en enfance, de baveux, de roupies gluantes, de ramollis, de perruques, et de.... (O insulte raffinée !.... ô insulte démocratique !).... de ruraux !!!

Oui, ce mot simple, campagnard, est devenu une injure, tant la jeunesse moderne est intelligente !

Mais cela n'empêche point du tout que nos sénateurs, par exemple, ne fussent des gens incontestablement plus capables, en tout, que leurs insulteurs; gens de science, d'art, de barreau, ou militaires.

Donc, un vieux, qui a vécu en homme d'esprit, est plus spirituel que le jeune qui lui succède, puisqu'il a été spirituel un plus grand nombre d'années....

Rien n'est pire qu'une bête en pleine santé !

Quant à la vieille bête, elle a cet immense avantage sur les jeunes imbéciles, de devoir l'être moins longtemps !....

C'est clair comme le jour !

Mais l'esprit d'opposition nie le soleil ! et l'esprit de révolution le décrocherait : si Dieu voulait bien le permettre.

Et vive la République universelle !

PETIT COURS

DE HAUTE POLITIQUE.

Au fond, les formes de gouvernement n'ont pas plus d'importance que la forme des chapeaux.

Mais, la mode est une souveraine.

En effet, un homme ou une femme habillés tout en rouge : habit, linge, coiffure et chaussures, causeraient un trouble indescriptible partout où ils se présenteraient.

Qu'est-ce alors, que d'imposer la République à un pays qui a l'habitude de la Monarchie.

La République est la chose publique ; oui.

Mais la monarchie aussi, avec cet avantage de représenter la famille naturelle, quand la République ne représente que la famille factice.

La vie publique ne doit jamais passer avant la vie privée.

Mais la vie privée doit être exemplaire.

Sans cela : ni Monarchie, ni République, ni Rois, ni Peuple.

C'est parce que j'ai appris tout cela tout seul, comme un grand garçon dans le grand livre de la vie réelle, que je crie :

Vive le Roi !

Vive l'Empire !

Vive la République !

UNE PETITE HISTOIRE S.-V.-P.

AVANT DE PASSER

A LA RÉPUBLIQUE UNIVERSELLE.

En 1830, j'étais plus jeune qu'aujourd'hui ; cependant, par la Révolution de 1830, elle-même, j'ai su voir que 1789 devait être une machine aussi douloureuse et aussi superflue.

Aujourd'hui, je sais absolument, que la Révolution et la politique sont des filles publiques.

Or, un soir de 1830, j'étais aux *poulailler* des Funambules — (place à quatre sous). Le public demandait la *Marseillaise*, aux quatre musiciens de l'orchestre. On la chanta faux et très-faux ; un homme du peuple, qui était à côté de moi, s'écria de toute son âme ! « Ah ! mais ! en v'la assez ! » — De quelle opinion est donc *mocieu* ? — Pas d'opinion ! — Allons donc ? — Mais non ! — De quel parti est-tu donc ? — Moi ! j'suis du *cintième* parti, je m'f.... des quat'-z-autres !...

Cette haute leçon d'abrupte philosophie m'a profité par-dessus toutes autres.

Passons-donc à la République universelle....

RÉPUBLIQUE UNIVERSELLE
RÉSOLUE PAR LES MONARQUES

Entrée en jouissance immédiate.

Monarques,

Les républicains de chacun de vos pays voulant renverser vos monarchies, ne parviennent qu'à les troubler.

Au lieu d'être des sauveurs de peuples, ils ne sont donc plus que des brandons de discorde, de haine et d'incendie !

L'invasion des Prussiens et les armées de la Commune, viennent de hurler ces vérités devant Paris et devant l'univers ; à coups de canon !

Vous aimez la monarchie ; puisque vos peuples vous aident à l'aimer.

Les républicains aiment la République, mais ne peuvent l'obtenir, sans abattre tous les monarques, et sans déchirer tous les peuples.

Depuis bientôt cent ans, cela dure ainsi.

Plus ça ira, pire ce sera.

Mille et mille Polognes y passeraient !

Protégez la tranquillité des peuples, n'exposez plus vos armées, c'est-à-dire le peuple-soldat, à combattre le peuple insurgé.

Déclarez que l'insurrection est le premier de tous les crimes ; puisque, il fait plus de victimes qu'aucun autre ; et, sans compensation !

Les plus belles contrées de la terre, les plus prospères, les mieux zonées, les plus riches de végétaux, d'animaux, de minéraux de toutes sortes, sont moins habitées que l'Europe, par exemple, où le travail doit produire plus encore que la nature !

Choisissez une des plus superbes îles de ces contrées ?

Et, appelez-la, franchement ; République universelle.

Ne perdez plus votre temps, votre argent, vos sentiments ; en guerres civiles, en procès politiques, en détentions ruineuses qui nourrissent tant de gens aux dépens du travail des gens qui méritent de manger ce qu'ils gagnent, ne vous dépopularisez plus, en faisant des déportations, en prononçant des exils ; déclarez : que tout mécontent ou mécontente ; sur sa demande volontaire, ou sur délit politique établi, a droit à la République universelle, devenant ainsi la république cosmopolite.

Entretenez-y, s'il le faut, une flotte sanitaire, ce sera encore une économie.

Accordez à ces insulaires le droit de venir en congé, visiter leurs familles restées fidèles au drapeau de la tranquillité publique, et, dites à ce nouveau monde : « Légiférez comme vous voudrez, « en toutes libertés, tant mieux si vous vous « entre-tuez tous, puisque vous ne méritez que « cela ; tant mieux si vous devenez l'exemple du « bon gouvernement ; puisque on le cherche et « recherche, depuis que le monde est monde ! »

Sur ce : vive la monarchie ! l'Empire ! et la République universelle et cosmopolite !

En attendant ; que les têtes couronnées me pardonnent de leur donner, en artiste, un excellent conseil, et que les énergumènes me sachent gré de chercher à les loger autre part, qu'à Cayenne ou en Sibérie !

CONCLUSION.

Éditeurs, Monarchie, République et Tyrans,

Le 10 juin dernier, je passais devant une librairie du boulevard Haussman, dont l'étalage sent bon ; sent son fruit, comme dirait bellement le proverbe.

Une lithographie à la plume, exposée à la montre, m'arrêta au passage : ô destin ! ô Providence !

C'est un dessin de Rambert ; l'artiste d'âme, d'esprit et de vie ; le pauvre, le lutteur, l'abrupte, le digne, qui a le respect profond de la philosophie tant méconnue ! tant persiflée depuis que l'esprit des marchands de liberté s'est arrogé le droit tyrannique d'exploiter à son profit, l'ignorance sociale des faux philosophes du 18e siècle.

Des petites lamettes de papier imprimées et collées, couvraient une ligne du frontispice de l'œuvre si vraiement populaire de Rambert, et je lus : *Laporte*, libraire-éditeur, boulevard Haussmann, n° 46.

« Tiens ! voici un libraire qui édite l'œuvre de
« Rambert, que tant d'exploiteurs et de badauds,

« ne considèrent que comme une chose triste ! Je
« veux voir cet homme. »

Alors, j'entre, je salue, et je dis : « Je suis un
« viel artiste, un observateur enragé ; j'ai dans
« mon carton, ici-même, une affaire de librairie ;
« texte et croquis. Je dis affaire, pour parler la
« langue mercantile du jour, la langue des
« hommes pratiques, qui pratiquent tout si mal.
« Je sais donc, ô nombreux éditeurs de Paris !
« ô tyrans de la liberté éternelle ! Je sais donc
« que l'éditeur pour de vrai est un mythe. Néan-
« moins, j'en cherche un tout de même. »

Le libraire en question, que je n'avais jamais
vu de ma vie, qui ne m'avait jamais vu non plus,
était sous l'impression chagrinante, d'une de ces
cent mille et mille persécutions sociales,
auxquelles la loi ne prête que trop souvent son
concours.

Malgré cela, il observa mon travail, avec
l'attention la plus cordiale et la plus intelligente
du monde.

Ce qui me rendit tout fier, car, M. Laporte est
un jeune homme, un écrivain, un bibliomane
acharné, respectueux du livre, comme le prêtre
est respectueux du Missel.

Les fabricants de journaux, de *canards*,
d'horreurs caricaturesques, de *théâtreries* et de
professions de foi politique sont loin de cela.

Monsieur Laporte ne voulut donc point que je publiasse les articles, les chapitres présents ici même, sous la forme du *canard.*

Comme moi, il a l'effroi des feuilles de papier provenant des marchés à papiers sali de la rue du Croissant. Il ajouta : Votre élucubration doit entrer dans les bibliothèques d'amateurs de la France et de l'étranger. Mais, alors, il faut un titre général à tout cela, et une conclusion.

J'acceptai l'avis avec gratitude ; le titre, vous le connaissez, et la conclusion, la voici : en plasticien, d'après nature, comme travaillent les peintres, et non à la dégingandade, en idéologue, en tribun, en ogre de pièces de cent sous, en tueurs, en faisant-tuer politique, et en tous autres idiots, tyrans soi-disant libéraux ou démocrates.

Pour commencer de résumer, palpablement ma pensée, je développe ici le drapeau de la situation le drapeau de l'Union.

> L'Union fait la force, et l'histoire fait loi.
> Dans ce drapeau parlant, ces vérités se lisent.
> Égarés ou méchants que vos partis divisent;
> Il faut vous incliner devant sa bonne foi.

Vous le voyez, ce n'est pas moi qui l'ai inventé c'est l'Histoire de France, ancienne, moderne et présente.

Sur le bleu de France, mais non de Prusse, tout bleu de roi qu'il soit nommé ; les trois fleurs de lys primitives, nommées ainsi par corruption de fer de lance, comme le montre leur forme.

Sur le blanc, couleur du drapeau sans tache ; la croix du Christ, symbole de la religion du pays et du devoir divin.

Sur le rouge, le rouge de l'oriflamme, la pourpre antique, la couleur qui met les grosses bêtes en furie ! Le bonnet de la Liberté, en argent rehaussé de la couronne royale et sous bassé de la date de : 1789, pour rappeler à Messieurs les libéraux, citoyens, ouvriers, boutiquiers, orateurs ou ministres ; que c'est Louis XVI, le bon roi Louis XVI, le roi-serrurier, et bon serrurier ; le roi guillotiné en plus !... qui a octroyé aux Français, de par sa signature royale et loyale, les libertés dont abusent et s'affolent depuis 80 ans, tous les mauvais français, grâce aux fabricants de toutes sortes de démocraties, qui ne servent qu'à faire tuer le peuple, par le peuple-soldat, parce que le peuple-soldat a été attaqué, insulté par le peuple-peuple.

A la hampe de ce drapeau, l'aigle des empires de Charlemagne et de Napoléon Ier; mais l'aigle aux serres, sans foudre, au bec orné d'un rameau d'olivier.

Je le répète : ce n'est pas moi qui ai inventé ce drapeau : c'est l'histoire.

Je répète aussi, et d'autant plus fermement,

que les formes de gouvernement me sont absolument indifférentes. Mais je ne veux.pas, pour cela,
oublier ce que j'ai dit précédemment : « La mo-
« narchie est une république ; la réciproque n'a
« pas lieu, parce que la monarchie est l'image
« de la famille naturelle, et que la république
« n'est que la famille factice, pullulente. »

Le pli de la monarchie est bien pris en France.

Comme dans la grammaire, on peut dire en ce
cas : L'usage est le seul guide à cet égard.

Or, cet usage a produit les deux plus magnifiquement libres esprits du monde : Molière et
Beaumarchais.

Au contraire : la République a voulu guillotiner
Beaumarchais ; et nos derniers républicains n'ont
pas négligé d'insulter Molière dans leurs journaux
tyranniques.

Il n'y a donc, depuis que le monde est monde,
qu'une vraie belle république : la République
d'Athènes !

C'est-à-dire, la république de Thémistocle, de
Périclès, de l'Acropole, du Prytanée, de l'Aréo-
page ; son Lycée, son Théâtre, son Académie ;
Aristophane, Sophocle, Euripide, Socrate, Platon,
Phidias ; enfin, la république aristocratique des
aristocrates du génie humain.

Je suis donc bien forcé d'avouer qu'on ne
peut pas remplacer avantageusement le personnel

de cette république-là, par les effervescencés de
Belleville, les éblouis de Montmartre, les aristos
de Batignolles, les philosophes de la Villette, les
fantaisistes des carrières d'Amérique ; feu l'athée-
Dieu Flourens ! Jules Vallès, le sage ; Félix Pyat,
l'olympien ! le peintrier Courbet, et la destruction
scientifique des monuments de Paris ; quoique ce
travail progressiste ait absolument éclipsé les feux
d'artifice de Ruggieri et des Chinois, quoiqu'il
ait même obscurci le soleil !....

Bref : si je voulais être, le moins du monde,
un homme politique, j'opterais pour la monarchie,
parce qu'elle fait cas des belles manières, des travaux de luxe, des splendides industries de Paris
et de la France ; parce que les étrangers, les ri-
chards, les dépensiers quelconques, les artistes,
les jolies femmes, les charmantes mamans, leurs
charmants enfants, les sauvages et les paysans
viennent voir Paris opulent, et non point Paris-
bouge, Paris-vin-bleu, Paris-absinthe, Paris-
coup-de-gueule, coups de savate, coups de fusil,
et coup-d'État ; bleu, blanc, vert, tricolore, républicain, socialiste ou communeux.

Oui, j'opterais pour la monarchie, parce que,
depuis cinquante ans que je sais comment on vit
parmi mes amis et connaissances, nés nobles, j'ai
trouvé beaucoup plus de gens polis, humains,
exacts, fidèles, vraiment démocrates, que je n'en

ai trouvé parmi les républicains, idem, mes amis ou connaissances. Enfin, j'opterais pour la monarchie par-dessus tout, parce que le peuple de Paris a prouvé, par ses trois républiques, que lui, ses tribuns, ses journalistes, ses tueurs et tous ses faisant-tuer ne savent pas plus se servir de la république, que les singes ne savent se servir des violons et des rasoirs.

Plus que jamais, j'entends donc rester artiste, penseur libre, et non libre-penseur.

Mais, en tout cas : République, Monarchie, Empire, Empereurs, Rois, femmes, démocrates, musique, peinture, fruits, velours, cuisine, Pope ou Pape, manitou, ouistiti, équarrisseur ou poëte, chiffonnier ou bouquetière, religieuse ou pétroleuse, vierge ou bacchante, chien ou chat, âne ou cheval, bœuf ou porc, navet ou panet, toile ou coton, beurre ou saindoux, eau ou vin :

« *Rien n'est bon, que ce qui est bon !* »

C'est pourquoi l'esprit de révolution n'a jamais fait que du mal.

Je sais cela, et d'aplomb! moi !... qui ai connu un tambour de l'armée de Louis XIV.

Donc; République ou Monarchie qui veut vivre sainement, doit, à chaque matin, enlever tous les œuvriers du mal, en même temps que les autres immondices.

Là est la délivrance, ô braves gens ! veuillez enfin y songer ?

Point d'égards pour les perturbateurs quelconques de l'ordre public.

Et pour finir mon opuscule ; à la mode du jour ; je vais faire moi aussi, ma profession de foi, mon adresse au peuple ! au peuple de Paris, par conséquent ; et non point à ces viles populations des campagnes, qui lui font le bon pain ou le bon vin qu'il gaspille !

Peuple de Paris,

Je suis un vieux parisien de 60 ans ! je te connais à fond, sous toutes formes ; car, j'ai vécu dans toutes tes intimités.

Tu peux donc blaguer les rois, si tu veux, mais tu ne peux pas blaguer papa sans qu'il s'en aperçoive.

Alors, je sais comment on est parvenu à te faire accroire que tu sois plus fort que l'Europe, que les provinciaux, que les campagnards ; et qu'il n'y a pas de Dieu : uniquement, parce que c'est plus simple de croire qu'il n'y en a qu'un.

Si tu savais cela, comme moi ; tu ne pourrais plus croire aux idiots féroces, aux génies rentrés, et aux paladins de l'Ile de Paphos à gros numéro.

On t'a appris à mépriser les flatteurs de rois ; en te flattant plus qu'ils n'osèrent jamais flatter les rois ; et, alors tu t'es pris plus au sérieux que les monarques, les tyrans ou les princes même qui se faisaient déifier, de leur vivant.

Chaque fois qu'on t'a joué ce tour-là, auquel tu as toujours mordu, tu as été encore plus mordu toi-même : témoins 1793, 1848 et 1871.

Tout cela ne serait que drôle ; si ça ne t'avait fait tuer tant de français, depuis 80 ans !

Tout cela, malgré tant de morts, serait amusant si ça ne t'avait pas tué le moral ; si on ne t'avait amené à égorger le travail, sous prétexte de gagner trente sous par jour, en tuant, plutôt que de gagner trois francs, cent sous, dix francs, vingt francs, en faisant vivre.

Tu peux m'en croire. Je veux encore bien moins être ton élu, en 1871, que je ne le voulais déjà, en 1848.

Mon incrédulité politique a été publiée, à Paris, en quelques lignes ; il y a trois ans environ.

Je n'ai besoin d'en retirer aucun mot !

Je reste artiste, rien qu'artiste !

C'est-à-dire : que je veux savoir absolument la différence qu'il y a ; entre Aristophane et M. Scribe, Molière et Barrière, de Larochefoucault et M. le comte Henri Rochefort, Alphonse Karr et Ulbach, Bossuet et Maroteau, Bayard et Barbès, Napoléon 1er et le général Flourens, Henri IV et Marat, Jeanne d'Arc et nos viragos, Courbet et

Rubens, Saint-Vincent de Paul et les journalistes, Mayeux et l'Apollon du Belveder.

En attendant, comprends l'avis suivant ; que tu ne trouveras non plus dans aucun journal.

« Il vaut mieux baiser la mulle du Pape, que les « pieds des fédérés. »

« Il faut avoir autant de soin de la propreté de « sa conscience, que de la propreté de son corps. »

Donc : plus de politiqueur !

Dorénavant, désormais, à tout jamais ; ne te fais représenter que par de vrais ouvriers de vrai ; de vrais pères de famille, de vrais bons maris ennoblissant leurs outils ; comme les Condé, les Henri, les Fabert, les Beauharnais ennoblissaient leur métier et leurs armes.

Laisse les sots bourgeois, les spéculateurs de révolte, envoyer à nos chambres, leurs hannetons de tribune.

Tu peux avoir confiance en moi. Je ne cherche pas à capter ton suffrage : je n'ai que trop de mal à me représenter moi tout seul !

Travaille enfin à ta fortune, au lieu de travailler à ta ruine.

Fais-toi ouvrier du bonheur, et envoie paître les hurluberlus sanguinaires qui ne savent que te faire tuer pour rien, à leur barricades, d'ailleurs devenues des souricières...

Leur temps est fait.

Il ne reste aux haineux ! aux soldats de l'envie :
que le duel, ou l'assassinat.

Puis, demande à ta femme, à ta fille, à ta
mère, à ta grand'mère, ce qu'elles aiment mieux :
d'une bonne petite partie de campagne, ou d'une
superbe révolution ?

Imite-moi. Je reste rapin ! reste peuple !

Crie donc avec moi. ? « Elle est mauvaise ! n'en
faut plus ! je sors d'en prendre ! »

Vive le travail !

Voilà ma conclusion.

FIN.